MISCELLANÉES

PAR

Henri BARDY

---—✕—---

****

SAINT-DIÉ
TYPOGRAPHIE ET LITHOGRAPHIE C. CUNY

1900

MISCELLANÉES

 PAR

Henri BARDY

———⋈———

****

SAINT-DIÉ
TYPOGRAPHIE ET LITHOGRAPHIE C. CUNY
—
1900

LES
ÉTUDIANTS DE SAINT-DIÉ
à l'Université de Strasbourg
1748-1790

Nous venons de parcourir avec un vif intérêt un important ouvrage intitulé : *Die alten Matrikeln der Universitæt Strassburg 1621 bei 1793*. Ce laborieux travail est dû à M. Gustave Knod, auquel il n'a pas fallu moins de deux forts volumes grand in-8° pour publier, avec les savantes annotations que le sujet comporte, le registre général des inscriptions à l'Université, et les registres particuliers des diverses Facultés : Philosophie, Théologie, Médecine et Droit, auxquelles il faut ajouter celle dénommée *didascalica* et où l'on formait des maîtres capables d'enseigner ensuite les arts d'agréments, musique, dessin, danse, etc.

On conçoit ce que la lecture d'un ouvrage semblable peut avoir d'aride et de fastidieux, mais pour celui qui veut y faire des recherches dans un but déterminé, soit au point de vue d'études historiques et sociales, soit pour y découvrir des documents biographiques, voire même bibliographiques par les titres des thèses qui y sont relatés, il est des plus instructifs.

On y voit des noms de tous les pays, de toutes les classes, depuis les nobles de vieille ou de fraiche date qui veulent faire leur carrière dans la magistrature, et les bourgeois qui se destinent à la Médecine ou aux Belles-Lettres, jusqu'aux fils de cultivateurs aisés qui, attirés par les avantages et les agréments de la ville, veulent acquérir une charge de notaire royal ou devenir « homme de loi, » c'est-à-dire avocat en Parlement, procureur, ou simplement huissier.

En feuilletant ces deux volumes, on acquiert la certitude que l'instruction secondaire n'était pas, avant la Révolution, aussi arriérée qu'on se plaît à le dire, puisque tous ces jeunes gens, sans sortir de leurs petites villes ou de leurs villages plus ou moins reculés, étaient munis d'un bagage de connaissances suffisant pour aborder les hautes études universitaires. On y voit aussi combien était prépondérant le nombre des étudiants sortant des classes modestes de la bourgeoisie urbaine ou rurale, et l'on comprend alors comment a pu se former ce Tiers-Etat qui, en 1789, s'est trouvé assez fort pour songer à faire la loi, entraînant avec lui la Noblesse et le Clergé.

Nous avons voulu, en parcourant ces longues listes, savoir quelle avait été la part de Saint-Dié, et nous avons constaté avec un certain orgueil que notre petite ville y tient une place fort honorable, qui confirme la bonne opinion que l'on avait d'elle sous le rapport de la culture intellectuelle.

Comme on devait s'y attendre, ce sont les inscriptions à la Faculté de Droit qui dominent, et de beaucoup. A peine deux ou trois à la Faculté de médecine ; c'était probablement à l'Université de Pont-à-Mousson, puis de Nancy que, pour ces études, se rendaient les Déodatiens.

C'est à partir de 1748 qu'on voit nos compatriotes aller se faire inscrire à Strasbourg, dans le registre général de l'Université *(Matricula generalis maior)*, où se trouvent leurs noms, suivis de leur lieu d'origine ainsi formulé : *Sandeodatensis, Deodatensis, ex Sancto Deodato, ex fano Deodato* ou *Sancti Deodati* (du lieu consacré à Saint-Dié), etc. On les revoit plus loin, du moins pour la plupart, dans le registre des candidats *(Matricula candidatorum Juris)*, avec le sujet de leurs thèses, la date de l'examen oral *(explicatio)* et celle de la soutenance *(disputatio)*.

Nous avons vu défiler, dans ces listes, des noms bien connus dans notre histoire locale du XVIIIe siècle, notamment ceux des hommes qui ont eu une notoriété plus ou moins grande pendant la période révolutionnaire et dont nous avons déjà parlé dans des études antérieures. Citons-en quelques uns, pris un peu au hasard et comme simple indication, en les faisant suivre de l'année de leur inscription :

Charles-Nicolas-Pierre-Fourier Dolmaire de Provenchères (1749); Marc-Sigisbert-Antoine de Bazelaire de Lesseux (1754); Charles-Dominique de Bazelaire de Colroy (1762); François-Philippe de Rozières (1768); Marc-Joseph-Dieudonné Pierre de La Chambre (1777); etc. — Charles Haxo et son frère François (1766); Nicolas-François-Louis Clément (1770); Joseph Etienne (1772); Jean-Baptiste Antoine (1776); Joseph-Alexis Simon (1777); Fidèle-Etienne Duvoid (1784), etc.

Les gens des villages voisins envoyaient leurs fils en assez grand nombre à la Faculté de Droit. Nous en trouvons de Provenchères, de Wisembach, de Coinches, de Remomeix, de Saulcy, de

Clefcy, de Plainfaing, de Saint-Jean-d'Ormont, etc.

Cette dernière constatation sur la part des fils de paysans aux cours universitaires déconcertera, sans doute, les idées des personnes qui s'imaginent que sous l'Ancien Régime l'enseignement supérieur était, pour ainsi dire, inaccessible aux classes populaires.

Comme complément à ces données, il faudrait faire suivre beaucoup de ces noms de quelques renseignements biographiques; mais cela nous entrainerait trop loin, notre but ayant été simplement de signaler une nouvelle source de documents susceptibles d'intérêt pour l'histoire locale et d'appeler sur eux l'attention de nos concitoyens.

26 Juin 1900.

Guerre au Papier de Bois !

———>○<———

Nous causions dernièrement avec un de nos amis, littérateur érudit, savant polyglotte et grand fureteur de bibliothèques, des bulletins de Sociétés savantes et des tirages à part de travaux qu'ils contiennent.

Dans cent ans d'ici au *maximum*, nous disait-il, il ne restera plus grand'chose des premiers, parce que presque tous sont imprimés sur du papier de bois, puisqu'on ne trouve pour ainsi dire plus de papier de chiffon, et que quand on en veut il faut le payer horriblement cher, ce qui devient très-onéreux pour des Sociétés dont le budget est ordinairement assez maigre. Les tirages à part pourront faire exception, beaucoup étant tirés à un très-petit nombre d'exemplaires sur papier de choix, sinon tout-à-fait chiffons, au moins fortement mélangé de ceux-ci. Quant aux journaux, brochures d'actualité et autres imprimés, il n'en restera, dans soixante ans peut-être, que quelques fibres ligneuses mêlées à de la poussière de bois. Il en résultera, pour nos arrières neveux, une extrême pénurie de documents, et les gens qui prétendent que les historiens de l'avenir seront bien embarrassés devant l'amas formidable de journaux de toutes nuances, d'imprimés de toute espèce, de manuscrits en incommensurable quantité, qu'ils auront à consulter, se trompent fort. Bien peu restera de cet amoncellement, et ils ne pourront pas seulement étudier notre fin du XIXe siècle avec la même facilité que nous étudions le moyen-âge, dont les documents sur parchemins ou sur papiers à la cuve sont parfaitement conservés.

Quelle différence entre ce vieux papier, épais, résistant et pourtant si flexible, à la surface un peu rugueuse, et celui fabriqué de nos jours, sec et cassant, sans la moindre résistance, n'ayant pour lui, que sa blancheur et son glaçage, deux qualités extérieures qui indiquent sa beauté mais non sa bonté !...

Notre ami disait vrai et ses appréhensions viennent d'être confirmées.

* * *

Si les documents de toute nature, écrits sur des papiers fabriqués en pâte de bois, sont appelés à disparaître dans un temps très-limité, que vont devenir la plupart des correspondances échangées entre diplomates, beaucoup d'actes administratifs et de pièces importantes concernant les affaires publiques et les intérêts privés, quantité d'écrits scientifiques dont la perte fera peut-être reculer les bienfaits de la civilisation acquise !..... Pareille éclipse s'est déjà vue dans les annales des Peuples. Que l'on songe aux anciennes civilisations de l'Orient !

Il y a là un immense danger, et c'est un cri d'alarme qui vient d'être jeté par le Président de l'*Union centrale des Papetiers de France*, M. Fortin. La pétition dont il est l'auteur, et qu'il met en circulation, spécifie « qu'il est du plus grand intérêt que l'Etat prenne au plus tôt les mesures propres à assurer la conservation des documents publics, en exigeant que les papiers employés soient de nature et de résistance suffisante à réaliser cet objectif. »

C'est la guerre au papier de bois, dont la pâte, traitée par des acides impossibles à éliminer entièrement, porte en elle-même le principe de sa destruction.

En Allemagne, on a assuré la conservation des documents publics de la manière suivante : les administrations sont obligées d'employer des papiers résistants ; or, le chiffon étant la seule base certaine de la durée du papier, chaque service administratif a une série de types numérotés, appelés types normaux, et contenant une quantité déterminée de chiffon.

Il faut prendre le bien partout où il se trouve. Pourquoi ne pas emprunter à l'Allemagne cette manière de procéder ? Ce pays nous donne un bon exemple à suivre.

*
* *

Outre le papier à base de bois, il y a encore, pour les documents divers, une autre cause de destruction.

Ce sont les encres à base d'aniline dont on se sert journellement et qui, comme chacun le sait par expérience, sont bien loin d'avoir la solidité des vieilles encres au gallate de fer. Non seulement celles d'aniline se décolorent en peu de temps, mais souvent elles attaquent le tissu du papier qu'elles désagrègent. Il n'en est pas de même des anciennes qui, il est vrai, pâlissent ou jaunissent plus ou moins, mais restent encore assez visibles pour permettre la lecture des caractères avec lesquels ils sont tracés. Et encore quand ces encres sont presque complètement effacées, on peut les faire réapparaître momentanément à l'aide de procédés chimiques que connaissent bien les experts en écritures.

Il est également défendu, en Allemagne, de se servir d'encre à base acide.

C'est l'application de mesures prises déjà à l'étranger que M. Fortin et ses copétionnaires veulent poursuivre en France. Ils demandent aux Sociétés savantes de se joindre à eux pour appuyer leurs démarches auprès des Pouvoirs publics.

Nous espérons que toutes les Sociétés de notre région de l'Est s'empresseront de prendre part à cette croisade d'un nouveau genre, qui est de leur ressort et dans l'intérêt de leurs études. La *Philomatique Vosgienne* de Saint-Dié ne sera pas la dernière à les suivre.

C'est la seule manière de conserver aux historiens, aux savants et aux autres érudits des temps futurs les documents authentiques dont ils auront besoin pour étudier et écrire l'Histoire de notre Epoque, si fertile en événements et en découvertes.

10 Septembre 1900.

LE
MUSÉE DE SAINT-DIÉ

———•↕•———

Nous venons de parcourir avec grand intérêt l'*Annuaire des Musées scientifiques et archéologiques des Départements* que vient de publier le Ministère de l'Instruction publique (1 vol. in-8° de 436 pages ; Paris, 1900, E. Leroux, éditeur).

Cet ouvrage mentionne, avec plus ou moins de détails, 447 Musées, parmi lesquels nous constatons avec infiniment de plaisir que celui de Saint-Dié fait très bonne contenance. Malgré sa fondation relativement récente, puisqu'elle ne remonte pas encore à un quart de siècle, il occupe déjà une place fort honorable dans le nombre des établissements savants, et il y en a beaucoup de plus anciens qui lui sont bien inférieurs, tant par la quantité que par la qualité des objets qui les composent.

Différents renseignements utiles sont donnés dans cet Annuaire. C'est ainsi qu'il indique, pour chacun des Musées, l'emplacement dans la ville (à l'Hôtel-de-Ville, au Collège, à la Préfecture, dans telle ou telle rue, à la Halle, au Château, etc.) ; l'année de la naissance ; le nom du Conservateur ; les jours d'ouverture au public ; les catalogues ou notices qui les concernent.

Nous lui empruntons l'article consacré à notre Musée :

SAINT-DIÉ (Vosges).

368. — Musée scientifique et archéologique, *contigu au Théâtre*. C. 1875.

Histoire naturelle. — Minéraux, marbres, roches (1.560), fossiles du pays (487).

Herbier de l'arrondissement, comprenant 600 plantes ; herbier lorrain (115), des Pyrénées (88).

Coquilles marines, fluviatiles et terrestres (6.000) (collection de M. l'abbé Colin), 565 crustacées, poissons, reptiles, oiseaux, mammifères.

Etnographie. — Armes, ustensiles, instruments de musique.

Archéologie. — Objets préhistoriques en silex et en os (140), terres cuites gallo-romaines (442) collection Esmonnot, de Moulins ; divers objets de la Renaissance et des temps modernes.

Numismatique, 1.735 pièces.

Conservateur. — M. Bardy.

Ouvert le deuxième dimanche de chaque mois, de 2 heures à 4 heures.

*
* *

On remarquera, dans cet article ; la mention : *contigu au Théâtre*. Nous regrettons cette indication, littéralement copiée dans l'ouvrage allemand *Minerva, Jahrbuch der gelehrten Welt* (Annuaire du Monde savant), que publient à Strasbourg les Drs K. Trübner et F. Mentz, (Karl J. Trübner, éditeur), et qui ne se trouve plus dans la dernière édition.

Sans ce livre, il est fort probable que

l'*Annuaire* français, plus directement et
mieux renseigné, aurait mis simplement,
en parlant de notre Musée : *à l'Hôtel-de-
Ville,* comme il l'a fait pour la plupart
des autres. Sans doute, il crut bien faire,
au point de vue de l'exactitude topographique, en précisant, dans la croyance
que nous possédons, à Saint-Dié, un bâtiment spécial pour le Musée, et que ce
bâtiment, situé dans la même rue, ou sur
la même place que le Théâtre, lui est
contigu. Cette idée peut paraître singulière en songeant que cet *Annuaire* est
une publication quasi officielle. L'emplacement, du reste, ne serait guère moins défectueux que celui qu'il occupe actuellement à l'Hôtel-de-Ville, à proximité de la
Salle de spectacle, et au sujet duquel
nous avons déjà, maintes fois, manifesté
de vives inquiétudes.

Les statistiques nous apprennent en
effet, que les théâtres sont destinés à être
brûlés tôt ou tard ; elles fixent même la
durée moyenne de leur existence à une
période de temps assez restreinte.

Quoi qu'il en soit, nous continuerons à vivre dans l'expectative, mais avec la ferme espérance qu'un jour ou l'autre la Municipalité déodatienne, dont la bonne volonté à cet égard ne saurait être douteuse, fera quelque chose en faveur du Musée. Son importance et son utilité ne sont plus discutables après un examen comparatif fait à l'aide de l'*Annuaire* que nous venons de signaler. Seulement, le verrons nous, ce jour tant désiré ?... Non, car l'avenir est aux jeunes, mais les vieux peuvent le préparer !

* *

L'excellent *Guide du Touriste à Saint-Dié et aux environs* par A. Stegmüller donne (pages 55 à 64 de la deuxième édition, si joliment illustrée par V. Franck) une idée assez exacte de notre Musée. Mais sa description est faite d'après un inventaire déjà ancien, et, depuis ce temps, bien des objets ont pris place dans ses vitrines et augmenté son importance et sa valeur.

Ainsi, il n'y est pas question de la magnifique collection de terres cuites gallo-romaines, mentionnée dans l'*Annuaire*. Il en est une autre, qui n'est citée dans aucun de ces deux ouvrages. C'est celle qui a été offerte par M. et Mme Henry Phulpin, et qui se compose de 105 objets antiques en bronze, en marbre, en terre cuite, de poteries, de statuettes, vases étrusques, lampes en terre, etc., recueillis par le père de Madame Phulpin, M. Morey, ancien architecte à Nancy, alors, qu'au cours de ses études artistiques, il explorait l'Italie, la Grèce et l'Egypte.

La collection entomologique, s'est considérablement enrichie par les soins du capitaine Minsmer, qui peut en être considéré comme le fondateur, et par les envois d'insectes du Congo dus à M. Camille Cuny, du Cap Lopez.

Celle de minéralogie a reçu du capitaine A. Stouter de très nombreux échantillons de diverses provenances.

Des objets, très intéressants au point de vue local, ont été recueillis, entr'autres la hache néolithique de la Madeleine, le cachet du général Nicolas Haxo, etc.

N'oublions pas la superbe collection de cartes géologiques donnée par M. Prosper Antoine, concernant les Vosges pour la plupart et provenant du savant géologue vosgien Henri Hogard.

Il y a encore ce que nous pouvons dénommer notre *Musée lapidaire*. Dans les dépôts de ce genre se conservent de précieux débris des sculptures de tous les âges : les stèles de l'époque gallo-romaine, avec leurs bas-reliefs et leurs inscriptions d'un si grand intérêt pour la science épigraphique ; les fragments mérovingiens et carolingiens ; les chapiteaux du style romain et du style gothique ; des statues, des pierres tombales et quantité d'autres morceaux plus récents et qui présentent néanmoins de la valeur. L'ensemble de tout cela offre un coup d'œil varié et très instructif. La plupart des vieilles villes de France ont ainsi formé et enrichi leur Musée archéologique.

A Saint-Dié, un mouvement analogue

s'est produit sous l'inspiration de la *Société philomatique,* et l'on a déjà assuré la conservation d'un certain nombre d'objets exhumés du sol ou relégués çà et là. Le Musée lapidaire de notre ville, que l'on pourrait organiser sérieusement et a très peu de frais, dans le jardin de la maison Thurin, possède plusieurs pièces assez curieuses, telles que des stèles gallo-romaines de la Crenée, un sarcophage mérovingien et d'autres sculptures découvertes autrefois par M. Edouard Ferry, et que sa veuve, Madame Ferry-Schützenberger a données à la *Société.* Il y a aussi un moulage de la « Pierre Saint-Bozon, » que M. Félix Voulot, ancien conservateur du Musée d'Epinal, a fait exécuter pour nous.

L'Edilité perce des rues nouvelles et en rectifie d'anciennes; les particuliers détruisent les vieux logis pour les remplacer par de belles maisons plus commodes; la ville se renouvelle et s'agrandit. On ne peut évidemment pas arrêter ce mouvement, mais on peut et on doit recueillir et conserver certains objets, respectables souvenirs de la vieille cité, au lieu de les vendre quelquefois, de les anéantir presque toujours.

La fonction d'un Musée se résume en ces quatre mots :

Dispersa congrega,
Congregata serva.

15 septembre 1900.

LE SERMON DE M. LE CURÉ

Ma demeure n'est pas loin de l'église. De ma fenêtre, j'y vois entrer paroissiens et paroissiennes chaque dimanche et jour de fête, sans compter dans les semaines où il y a salut.

Au sortir de la Messe, les paroissiens, en assez petit nombre, passent gravement et en silence. Beaucoup — surtout ceux de Robache — entrent à l'auberge prendre des apéritifs, suivant la contenance de leur estomac ou de leur bourse. Les paroissiennes s'abordent, échangent leurs impressions, causent très haut, puisque je les entends : « Ah! ma chère, que M. le Curé a donc bien parlé. — « Quelle éloquence! C'est un véritable orateur de la chaire. — Jamais il n'a mieux dit que ce matin ! — Impossible de ne pas se convertir après un pareil sermon. » Et toutes en chœur : « Vraiment, jamais sermon ne nous a tant plu!... » Et le flot féminin s'écoule lentement, et chacune court au logis reprendre ses habitudes.

Ceci m'a remémoré une poésie, ou plutôt une chanson, que j'ai lue jadis dans un ancien recueil de ballades et de chants populaires de l'Allemagne. Elle était sans date, mais paraissait remonter au XVIIe siècle. Je l'ai trouvée si franche, si vraie dans sa drôlatique naïveté, que je demande la permission de vous en faire part :

Le sermon d'Antoine de Padoue.

A l'heure du sermon, Antoine trouve l'église vide. Il va vers le fleuve prêcher aux poissons. Les voilà qui frappent de la queue et luisent au soleil.

Les carpes avec leurs œufs arrivent toutes en hâte, elles ouvrent la bouche et s'efforcent d'écouter. Jamais sermon ne plût tant aux carpes !

Les brochets au nez pointu, qui toujours bataillent, nagent plus vite pour aller écouter le saint homme. Jamais sermon ne plût tant aux brochets !

La gent fantastique qui est de tous les jeûnes, les morues, veux-je dire, arrivent au sermon. Jamais sermon ne plût tant aux morues !

Les anguilles, les saumons, mets des plus nobles tables, daignent accourir aussi. Jamais sermon ne plût tant aux anguilles et aux saumons !

Les écrevisses, les tortues aussi, ordinairement trainardes, montent vite du fond, pour entendre les paroles de la pieuse bouche. Jamais sermon ne plût tant aux écrevisses et aux tortues !

Les gros poissons, les petits poissons, nobles et roturiers, relèvent la tête comme des êtres raisonnables ; ils écoutent Antoine, tel est l'ordre de Dieu.

Le sermon fini, chacun s'en retourne au logis. Les brochets restent voleurs, les anguilles amoureuses. Le sermon a plu, il est fini, ils restent tous les mêmes.

Les écrevisses s'en vont à reculons, les morues restent grasses, les carpes rapaces, tous oublient le sermon. Le sermon plaît. Fini, ils restent tous les mêmes.

N'est-ce pas, que c'est vrai, toujours vrai ? Ce vieil apologue allemand n'est il pas de tous les temps ? Mais que je trouve de mérite à ces excellents curés des villes et des campagnes, qui sans cesse, comme saint Antoine de Padoue sermonnant les poissons du fleuve, prêchent avec une patience angélique et une infinie bonté... Hélas ! trop souvent *clamant in deserto*... *Amen !*

LA HAUTE CHASSE

(Traditions et Légendes)

La *Chasse infernale* ou *maudite,* la *Haute Chasse,* le *Chasseur noir* ou *sauvage,* etc., toutes ces expressions évoquent d'antiques croyances, toujours vivaces malgré l'amoncellement des siècles, de fantastiques et effrayantes légendes qui circulent encore de nos jours dans les campagnes retirées et arriérées.

D'où peuvent donc provenir de pareilles traditions populaires ? Dans quelles mythologies peut-on en retrouver les premières traces et l'idée primordiale ? Nous n'hésitons pas à penser qu'elles sont nées des phénomènes de la nature, qui ont de tout temps si fort impressionné les hommes, surtout les hommes primitifs : les orages, les tempêtes, les ouragans avec trombes et tourbillons, la formidable voix du tonnerre, l'aveuglant éclat des éclairs, les plaintes, les sifflements ou les mugissements du vent, les nuages aux formes capricieuses et parfois si bizarres, le bruissement de la pluie et le bruit sec des grêlons s'entrechoquant dans les nuées avant de se précipiter sur la terre.

Les phénomènes météorologiques acquièrent une intensité extraordinaire dans les contrées du nord, surtout quand s'y joignent le splendide resplendissement des aurores boréales et les merveilleuses apparitions des halos et des parhélies. Il n'est donc pas étonnant que les peuples scandinaves aient été les premiers à les observer. Comme les enfants, ils ont personnifié ce qu'ils voyaient et entendaient dans le ciel, et c'est dans leur mythologie qu'il faut chercher, croyons-nous, les premiers linéaments de la croyance à des êtres surnaturels, célestes ou infernaux, parcourant les airs au milieu des éléments déchainés.

On y voit les grandes et bruyantes chevauchées des Walkiries, ces vierges aux yeux bleus, qui font entendre leurs chants et leurs cris de guerre, en même temps qu'hennissent leurs coursiers.

Partant de là, nous pouvons assister à l'évolution de cette croyance et à ses diverses transformations.

Les Walkyries s'évanouissent, avec la religion d'Odin, à la lumière du Christianisme. Mais ce qui les a fait naître ne disparait pas pour cela entièrement. Les airs restent peuplés d'apparitions et de fantômes. Du Jutland et du Gothland, ces traditions populaires pénètreront dans la Germanie, se répandront dans toute l'étendue de cette vaste contrée, jusque sur les bords du Rhin.

Dans ces temps barbares, quand il n'y a pas la guerre, il y a la chasse, qui est une autre guerre, aussi impitoyable que l'autre et s'exerçant également contre des créatures du Bon Dieu. Les idées chrétiennes, toujours tutélaires et bienfaisantes pour tous les êtres vivants, et voulant profiter de la sanctification du Dimanche, avaient interdit la chasse pendant ce jour, uniquement consacré à prier et à glorifier le Seigneur, tout en reposant les hommes et les animaux domestiques des travaux de la semaine. Malheur à l'impie qui oserait violer cette défense !... La malédiction divine s'appesantirait sur lui pour l'éternité.

Mais la religion nous apprend que Dieu est miséricordieux. Aussi offre-t-il une planche de salut au chasseur dont le sincère repentir viendrait à temps le faire rentrer en lui même. Il existe des légendes pour le constater.

*
* *

En voici une que nous n'avons pas lue de nos yeux, mais entendue de nos oreilles. C'est celle du *Frémersberg,* légende du pays de Bade, que nous avons écoutée avec ravissement, transformée en grande scène instrumentale par un compositeur de talent, Kœnemann. Ce n'en était pas moins la légende, et parfaitement interprêtée par la musique du 35e de ligne. Nous en pouvions suivre toutes les phases et les péripéties.

La scène se passe dans les montagnes de la Forêt-Noire. Le margrave part un matin de dimanche pour la chasse. On entend son cor qui appelle les chasseurs, puis donne le signal du départ. Les villageois ont assisté à l'office du matin, et, dans l'après-midi, ils se livrent, joyeux, au plaisir de la danse, aux accents d'un chant national badois. Bientôt un orage menace. Un coup de tonnerre éclate près d'eux; ils cherchent un abri contre la pluie, dont on entend le bruissement. La tempête, phénomène toujours terrible et grandiose dans les contrées montagneuses, augmente. Eclairs et tonnerre en roulements prolongés. Cependant le margrave chasse; son cor résonne. Surpris par l'orage, seul dans la sombre forêt, il songe à sa faute, à sa désobéissance. Il a peur et appelle au secours. Nul n'entend ses cris de détresse. Epuisé de fatigue, il fléchit le genou et prie : *Mon Dieu, en toi j'ai foi !* Soudain, arrivent, portés sur les ailes du vent, les sons argentins d'une cloche. C'est celle du monastère du Frémersberg. Il y court et pénètre dans l'église au moment où s'apaise la tempête, retrouvant là ses compagnons de chasse, qui unissent leurs prières aux siennes et entonnent le *Te Deum* de la délivrance.

Ici, le repentir a sauvé le chasseur imprudent et sa suite. Mais combien d'autres, persévérants dans leur impiété, ont été maudits et parcourent les airs pendant les nuits orageuses, poursuivant des animaux fantômes, sans paix ni trêve jusqu'au jour du Jugement dernier !...

*
* *

Une des plus belles productions poétiques de l'Allemagne sur ce sujet légendaire est, sans contredit, la ballade du

Chasseur sauvage de Burger, l'auteur de *Lénore :*

Le comte sauvage du Rhin sonne l'appel : à la chasse ! à la chasse ! Hallo, hallo, à pied, à cheval ! Son étalon hennit et se cabre. La troupe le suit avec fracas. Clif, Claf, tout galope et crie libre d'entraves, par-dessus prés et buissons, blés et bruyères.

Le soleil du dimanche éclaire la haute coupole de la cathédrale. Le bourdon appelle à la grand'messe. Au loin retentissent les chants de la foule pieuse des chrétiens.

Ric, rac, la chasse passe par-dessus le chemin de traverse. Velaut ! velaut ! De droite et de gauche, voici venir deux cavaliers. Le cheval du premier est blanc comme l'argent ; celui du second, couleur de feu.

Qui sont-ils, ces cavaliers ? Celui de droite est lumineux et sublime ; son visage semble un doux printemps. Affreux, jaune, olivâtre, est celui de gauche ; ses yeux lancent des éclairs.

« Vous arrivez à propos ! Soyez les biens
« venus à la noble chasse ! Au ciel et sur
« terre, il n'est pas de plaisir plus grand ! »

Le comte dit, se tape sur le flanc et lance son bonnet en l'air.

« Le son du cor ne s'accorde pas avec
« les cantiques et les cloches en branle.
« Arrière ! la chasse sera malheureuse !
« Ecoute le bon ange, repousse le mauvais ! » Ainsi parla le cavalier de droite.

« Chassez, chassez, noble comte ! inter-
« rompit celui de gauche. Que font sons de
« cloches, criailleries de cantiques ? C'est la
« chasse, la chasse sauvage qui doit vous
« réjouir. Apprenez de moi ce qui est
« royal, n'écoutez pas cet autre. »

« Bien dit, homme de gauche, tu es un
« héros. Que celui qui se sent trop faible
« pour ce noble plaisir aille marmotter le
« *Pater*. Tu te fâches, pieux fou, mais moi
« je veux faire joie. »

Le comte n'écoute que l'homme jaune, aux yeux fulgurants. Le cor sonne. La chasse commence. Rien ne l'arrête dans sa course vertigineuse, foulant les épis des champs, abîmant les troupeaux, renversant tout à la poursuite acharnée d'un cerf blanc à seize andouillers. La pauvre bête, après s'être cachée dans les blés, réfugiée dans la plaine, au milieu des vaches au pâturage, s'est enfin blottie dans la cabane d'un ermite. « Arrière ! dit le cavalier de droite, ne souille pas l'asile saint. La créature gémit et demande vengeance. Arrière pour la dernière fois ; écoute le conseil, sinon ta ruine est certaine. » Celui de gauche, au contraire, l'excite au mal. Malheur ! il se laisse séduire par lui. Mais au même moment, ermite, hommes, chiens, chevaux disparaissent ; un silence de mort se fait, et la malédiction céleste s'abat sur le comte, tandis qu'une lueur de soufre éclaire la forêt.

Des feux bleus, verts, rouges, flamboyent de tous côtés ; une mer de flammes l'entoure, des monstres affreux y fourmillent, mille chiens infernaux s'élèvent du gouffre et le regardent fixement.

Il fuit à travers champs et forêts, criant, hurlant, gémissant ; et partout la meute infernale le suit en aboyant. Le jour il court dans les cavernes souterraines, à minuit il traverse les airs !

C'est là la chasse sauvage, qui durera jusqu'au dernier jour...

* *
*

Du Schwartzwald passons aux Vosges. On dit, dans la plaine d'Alsace, que le Chasseur maudit parcourt ces dernières montagnes d'un bout à l'autre, de la Franche-Comté au Palatinat. On l'entend, par certaines nuits, passer avec ses piqueurs, ses varlets et ses chiens, suivis de toute sa bande hurlante et effrayante.

Victor Hugo en a parlé dans son ouvrage sur *le Rhin*. Il en a intercalé un fort beau récit au milieu de sa *Légende du beau Pécopin et de la belle Bauldour*. Mais cette légende est tout-à-fait fantaisiste ; c'est un « conte-bleu », comme il le dit lui-même, écrit uniquement pour amuser les petits enfants, même les grands, et ceux-ci ne sont pas les moins nombreux. N'empêche que la chasse est parfaitement vraie.

Hugo a placé la scène tout le long de la crête des Vosges.

« Pécopin, dit-il, ne savait où il était. En galopant près d'une ruine ombragée de sapins, parmi lesquels une cascade se précipitait du haut d'un grand mur de granit, il crut retrouver le château de Nideck. Puis, il vit courir rapidement à sa gauche des montagnes qui lui parurent être les Basses-Vosges ; il reconnut successivement à la forme de leurs quatre sommets le Ban-de-la-Roche, le Champ-du-Feu, le Climont et l'Ungersberg. Un moment après, il était dans les Hautes-Vosges. En moins d'un quart d'heure son cheval eut traversé le Giromagny, le Rotabac, le Soultz, le Bœrenkopf, le Gresson, le Bressoir, le Mont-de Lure, la Tête-de-l'Ours, le grand Ventron et le grand Donon. Ces vastes cîmes lui apparaissaient pêle-mêle dans les ténèbres, sans ordre et sans lien ; on eût dit qu'un géant avait bouleversé la grande chaîne d'Alsace. Il lui semblait par moment distinguer au dessous de lui les lacs que les Vosges portent sur leurs sommets, comme si ces montagnes eussent passé sous le ventre de son cheval. C'est ainsi qu'il vit son ombre se réfléchir dans le Bain-des-

Païens et dans le Saut-des-Cuves, dans le lac Blanc et dans le lac Noir. Mais il la vit comme les hirondelles voient la leur en rasant le miroir des étangs, aussitôt disparue qu'apparue. Cependant, si étrange et si effrénée que fut cette course il se rassurait en songeant qu'après tout il ne s'éloignait pas du Rhin. »

Ne vous préoccupez pas de l'exactitude absolue de ces noms de lieux. Songez qu'ils ont été donnés de mémoire, car le poète a écrit cette charmante histoire « caché dans un ravin-fossé, assis sur un bloc qui a été un rocher jadis, qui a été une tour au douzième siècle et qui est redevenu un rocher, cueillant de temps en temps, pour en aspirer l'âme, une fleur sauvage, un de ces liserons qui sentent si bon et qui meurent si vite, et regardant tour à tour l'herbe verte et le ciel radieux, pendant que de grandes nuées d'or se déchiraient aux sombres ruines du Falkenburg. »

Au dire des campagnards des plus éloignées vallées vosgiennes, des bruits étranges, mystérieux, inexplicables, éclatent souvent dans les ténèbres. Ici c'est une musique aérienne, un concert de voix ou d'instruments qui s'approche, passe ou s'éloigne. Ailleurs un tumulte discordant comme les aboiements d'une meute, mêlés de jurements, d'éclats de cor, de galopements de chevaux. On dirait une chasse invisible, une cavalcade infernale. A n'en pas douter, c'est le chasseur nocturne, le maudit, lancé à la poursuite d'un gibier diabolique et talonné par Satan lui-même.

Des braconniers, attardés la nuit dans les bois, affirment avoir entendu la chasse maudite, la Haute-Chasse. Notre ami Charles Grad la raconte dans la *Revue d'Alsace,* comme la tenant d'un vieux bonhomme, le père Meyer, qui, deux ans après sa première communion, en conduisant les bœufs de son père à la Hohlandsburg, l'avait de ses propres oreilles entendue. Mais nous n'y insisterons pas. Son récit n'est que la paraphrase, fort habilement, fort romantiquement écrite d'ailleurs, de la ballade de Burger.

* * *

Dans notre département des Vosges, il y a l'écho de ces traditions gothiques. Mais la légende du Chasseur maudit y a pris une forme locale.

C'est ainsi que du côté de Remoncourt, dans le canton de Vittel, il se nomme Jean des Baumes. C'est aussi un ancien seigneur du pays qui, pour avoir chassé chaque dimanche sans souci de Dieu, fut condamné à chasser éternellement sans atteindre le gibier qu'il poursuit ; mais l'aire de ses courses ne s'étend pas au delà des limites de son domaine d'autrefois. Il existe entre Rozerotte-en-Ménil et la ferme de Schamberg un bois appelé le *Bois des Baumes*, où habite l'âme de Jean, et les paysans de l'endroit, alors que le scepticisme moderne n'avait pas encore ulcéré leur cœur, montraient entre les rochers une espèce de souterrain qui était sa demeure.

Dans les environs de Saint-Dié, le chasseur éternel n'est autre que le trop fameux grand-prévôt Mathieu de Lorraine (Maheu ou Mahérus). On connait sa sinistre histoire ; elle a été racontée maintes fois. Le moine Richer, de Senones, lui a donné une large place dans sa *Chronique*, écrite vers le milieu du XIIIe siècle, on ne saurait préciser la date.

De nos jours, Richard de Colmar, dans la *Kaysersbourg d'Alsace*, et Docteur, de Raon-l'Etape, dans le *Château de Pierre-Percée,* en ont fait un des épisodes les plus intéressants de leurs romans historiques. L'abbé Ch. Chapellier, de Lamarche, en a parlé d'une manière plus sérieuse dans un savant travail inséré dans un des Bullet ns de la *Société philomatique vosgienne.*

Il en est égalemnet question dans ce splendide ouvrage *Du Donon au Ballon d'Alsace*, actuellement en cours de publication, où l'illustrateur, M. Victor Franck, a déployé tous ses talents d'habile photographe et d'artiste distingué. Dans le troisième fascicule de ce livre-album, M. Gaston Save, à la plume érudite duquel a été confié la partie relative à *Saint-Dié*, s'est bien gardé d'omettre la chasse fantastique du criminel Maheu. Elle se rassemble, pendant les noires nuits des environs de la Saint-Georges, près de la Chaise-du-Roi, sur la montagne de la Madeleine, à l'endroit où fut jadis le château de Clermont. De là, elle parcourt les forêts de la Solitude, du Haut-Jacques, du Noirmont, du Chazeté, du Cambert et d'autres encore du Val-de-Galilée, pour se terminer, dit M. Save, sur le plateau de la Croix-St-Georges, patron de Taintrux et des ducs de Lorraine. « Là, le saint perce de sa lance le Chasseur maudit, qui disparaît en enfer avec sa fille, la belle Alédia, dont il était l'amant. »

La Haute-Chasse est presque toujours confondue, dans nos Vosges, avec la *Mesnie Hennequin* (d'où l'on a fait *Moukihellequin*), et qui est la ronde infernale se rendant au Sabbat, et du sein de laquelle partent souvent aussi des bruits étranges où l'on croit distinguer des sons de cor, des hurlements de chiens, des appels de veneurs. Prenez garde!... Quand la meute vous rencontre sur les chemins déserts, dans une clairière isolée, ne répondez pas à ces appels. Surtout, ne provoquez pas le chasseur en imitant son cri, sinon vous verriez tomber à vos pieds quelque cuissot de haut goût qui vous attacherait, vous emporterait avec la Chasse maudite jusqu'à ce que mort s'ensuive. Bien au contraire, couchez-vous à plat ventre et faites le mort, en appelant à votre aide saint Fabien, qui préserve les chrétiens ayant confiance en lui des embûches des esprits malins.

* * *

La Chasse infernale a terrifié bien des esprits, frappé bien des imaginations. Mais elle n'a pas seulement servi de thème à des histoires de veillées et à des contes de grand'mères.

Nous avons entendu la chasse du *Fré-*

mersberg — qui aurait pu être fatale au Margrave s'il ne s'était repenti à temps — racontée par les voix d'un orchestre militaire, un soir, sur la Place d'Armes de Belfort. Il y en a une autre qui, tout à la fois par les yeux et les oreilles, nous frappera d'une manière infiniment plus intense, en mettant à profit poésie, musique et décors. Ce n'est plus une simple exécution instrumentale; c'est une grande représentation théatrale. Nous trouvons cette scène dans le fameux opéra romantique *le Freyschutz*, de Weber et Hector Berlioz. Les personnes qui l'ont vu jouer se rappelleront certainement la scène fantastiquement terrifiante, pleine d'épouvantements, où l'on voit, dans une gorge sauvage des montagnes de la Bohème, les deux gardes-chasse Gaspard et Max fondre les sept balles diaboliques. C'est affreux, et l'on ressent des frissons tout le long du dos rien qu'en y pensant.

Une tempête s'élève et mugit; les pointes des arbres se rompent et jettent des étincelles. — On entend des coups de fouet et un bruit de chevaux qui galopent. Aboiements et hennissements dans les airs. On voit passer dans les nuages des fantômes de chasseurs à pied et à cheval, des cerfs et des limiers, en même temps qu'un chœur infernal se fait entendre :

> Par monts, par vaux, dans les ravines,
> Au fond des bois et dans les airs,
> Avec les vents et les éclairs,
> Parmi les morts et les ruines,
> Chantons, amis, comme aux enfers,
>   Jowau ! Jowau !

Nuit profonde. — Les nuages crèvent, accompagnés d'éclairs et de coups de tonnerre épouvantables. Bruissement de la pluie. — Flammes bleues sortant de terre. Feux-follets errant sur les montagnes.

C'est par cette scène — la cinquième du 2e acte — que nous terminerons cette étude de mythologie comparée à l'usage de ceux qui chassent le dimanche.

Le chasseur maudit a effrayé non seulement les populations de la Scandinavie et de la Germanie, mais encore celles de plusieurs autres contrées, car on prétend qu'on le retrouve dans le *folklore* de la Bretagne et même dans celui de l'Inde.

30 Septembre 1900.

LES
FÊTES NATIONALES
A SAINT-DIÉ EN L'AN VI

Un intéressant article de M. G. Floquet, publié dans le dernier numéro des « Annales de l'Est, » sur *les Fêtes civiques à Nancy pendant la Révolution,* me fournit l'occasion de dire quelque chose d'analogue sur les fêtes révolutionnaires qui furent célébrées dans notre petite ville de Saint-Dié. Ce serait trop long si je voulais les énumérer toutes. Je choisis donc celles de l'an VI parce qu'elles ont été une recrudescence et le signal de nouveaux efforts — infructueux, du reste — faits pour raviver les « idées philosophiques » en train de s'évanouir devant la persistance de l' « esprit chrétien. »

Les Fêtes publiques, célébrées avec tant d'enthousiasme et d'entrain au début de la Révolution, avaient été peu à peu négligées et étaient tombées dans une indifférence des plus significatives. Il était facile de voir que le peuple, celui des campagnes surtout, regrettait ses vieilles habitudes et ne parvenait pas à s'accommoder de changements aussi radicaux. Le Directoire, en prenant les rênes du gouvernement, en vertu de la Constitution de l'an III, pensa qu'il y aurait moyen de le rattacher aux institutions républicaines en le distrayant par des réjouissances et des fêtes où on exalterait les bienfaits du nouveau régime. Il voulut réveiller le zèle endormi des patriotes, et non content de fêter les anniversaires révolutionnaires du 14 juillet, du 10 août et du 21 janvier, il imagina la *Fête du Peuple*.

Par une loi du 13 pluviose an VI (1er février 1798), le Directoire ordonna la célébration annuelle d'une Fête du Peuple. Elle fut célébrée à Saint-Dié, comme partout, le 30 ventôse suivant (20 mars).

L'administration municipale, qui avait à ce moment pour président François-Joseph Ferry, résolut de lui donner tout l'éclat possible. Dès le 20, elle avait choisi, parmi les septuagénaires du canton, vingt-quatre vieillards et pères de famille pour représenter le Peuple dans les cérémonies de la fête. Ceux-ci choisirent eux-mêmes, dans les élèves de l'école primaire, les jeunes gens qui s'étaient le plus distingués par leur patriotisme et leur assiduité en classe pour porter les inscriptions ordonnées par l'arrêté du Directoire exécutif.

Le 29, au soir, le son des cloches et une décharge de *trois* coups de canon annoncèrent au peuple l'importance de la solennité qu'il devait célébrer le lendemain. On n'usait pas alors la poudre en pure perte; elle était trop nécessaire aux armées, de l'Italie au Rhin. Même répétition le 30, dès l'aurore, pour « rappeler aux citoyens la jouissance de leurs droits imprescriptibles. » Le temps était abominable et la pluie tombait à verse. Impossible d'aller au *Champ de la Fédération* (le Parc), qui avait pourtant été convenablement décoré. Au milieu « du local de la ci-devant église-cathédrale » s'élève un autel de la Patrie, surmonté d'un arbre de la Liberté, entouré de sapinaux plantés à intervalles et ornés de guirlandes de verdure. Le rassemblement se fait à la Maison commune, et à dix heures, tout le monde sort pour se rendre au temple. Les vieillards, tenant chacun une baguette blanche, marchent précédés par des jeunes gens qui portent des inscriptions avec des emblèmes et des trophées « à la gloire de la grande Nation. » La musique, en tête du cortège, exécute des airs guerriers. Au milieu du groupe des vieillards, le livre de la Constitution, posé sur un coussin de satin, est porté sur un brancard revêtu d'un drap tricolore. Les fonctionnaires publics viennent ensuite, suivis de l'instituteur et des élèves. Des défenseurs de la Patrie — lisez : des gardes nationaux — escortent le cortège, qui est fermé « par une multitude immense de citoyens, dont la démarche majestueuse et l'attitude imposante étaient dignes de la puissante Nation dont ils représentaient une portion. »

Arrivés au lieu destiné à la cérémonie, les vieillards se rangent, immédiatement devant les magistrats, autour de l'autel, sur lequel on pose le livre de la Constitution ; puis forment, avec leurs baguettes, un faisceau lié par des rubans tricolores. Pendant ce temps, la musique joue des symphonies. Soudain, le canon retentit : c'est pour annoncer l'unité et l'indivisibilité de la République que les vieillards viennent de figurer d'une manière allégorique sur l'autel de la Patrie.

Un vieillard monte sur les degrés et adresse aux magistrats une allocution sur l'inaliénabilité de la souveraineté du Peuple. Le Président de l'Administration municipale, c'est-à-dire le Maire, lui répond que le Peuple, par son courage, a su conquérir la Liberté. La lecture de la proclamation du Directoire du 28 pluviose et du message du 13 ventose est accueillie par les cris mille fois répétés de *Vive la République,* accompagnés de chants et de décharges de mousqueterie.

Le cortège se reforme et retourne à la Maison commune, où il se disperse. Le reste de la journée est consacré à des danses.

Pendant que cette cérémonie avait lieu, un enfant de Saint-Dié se distinguait à Coblentz, chef-lieu du département de Rhin-et-Moselle, où se célébrait également, comme dans toutes les communes de la République, la fête du Peuple. Au nombre des réjouissances publiques, il y eut, dans la ville allemande et momentanément française, un brillant carrousel où se fit remarquer un tout jeune officier supérieur du génie, dont on parla beaucoup. A quelques jours de là, le commandant Léry, directeur des fortifications de Mayence, écrivait à son collègue Nicolas Souhait, notre compatriote déodatien :

« La *Gazette allemande* ne parle que
« d'un grand coursier, (je ne sçai si c'est
« celui de Don Quichotte), monté par un
« chef du génie, qui a dû remporter un
« prix le jour de la Fête du Peuple. Les
« officiers du génie se distinguent ici au_
« près des dames ; je ne sçai si, comme
« à Coblentz, ils obtiennent la palme et
« des lauriers. Adieu. »

Le jeune lauréat, né à Saint-Dié le 24 juin 1773, était le frère de Julien Souhait, qui fut maire de notre ville et représentant des Vosges à la Convention nationale. Il était déjà chef de bataillon du génie quand il quitta les bords du Rhin pour suivre le général Bonaparte en Égypte, où il succomba, avec le grade de colonel, à l'âge de 26 ans, des suites de blessures reçues au siège de Saint-Jean-d'Acre, en Syrie.

※ ※
※

La Fête révolutionnaire du 14 juillet fut célébrée le 26 messidor (date correspondante) avec beaucoup moins de solennité. Mêmes sonneries de cloches et coups de canon ; même rassemblement, à dix heures, dans la grande salle de la Maison commune ; même cortège pour se rendre au même lieu. A l'autel, après les symphonies d'usage, le Président de l'Administration municipale, F. J. Ferry, et le commissaire du Directoire exécutif, J. N. Arragain prononcent chacun un discours « analogue à la circonstance. » Puis, les élèves de l'école primaire font des courses au son de la musique; des bouquets de fleurs et des gâteaux sont distribués aux vainqueurs, et le cortège retourne à son point de départ. Et comme toujours, dans les fêtes populaires, la journée se termine par des danses.

L'anniversaire de la journée du 10 août est célébré le 23 thermidor. Nous ne répéterons pas les préliminaires de la solennité, qui se ressemblent. Cette fois, c'est à une heure et demie de l'après-midi que le cortège se forme. La marche est ouverte par les tambours et la musique. Quatre jeunes gens, portant un faisceau d'armes surmonté d'un bonnet phrygien, précèdent les élèves de l'école primaire. Vient ensuite l'administration municipale en costume, escortée et accompagnée de la garde nationale et des autorités constituées. Devant celles-ci, quatre citoyens portent une urne funèbre ayant pour inscription sur une face : « Aux Mânes des victimes qui ont péri le 10 août, » et sur l'autre : « Ils vivront éternellement dans le cœur des hommes libres. » Pendant la marche, la musique joue l'*Hymne des Marseillais*. A l'autel de la Patrie, et après l'audition de quelques airs patriotiques, le Président de l'Administration prononce un discours, la musique recommence, et le cortège, dans le même ordre, retourne à la commune. Et des danses, etc...

* * *

Même programme pour la Fête anniversaire du 18 fructidor, avec cette différence que c'est au Champ de la Fédération qu'elle fut célébrée. A l'autel de la Patrie, qui y était élevé en permanence, roulements de tambours, symphonies, chants patriotiques et discours « analogue à la fête. » Puis, retour, etc., etc...

C'était un peu monotone, on en conviendra; mais, je vous le demande, à part quelques exceptions, n'en est-il pas de même aujourd'hui, que ce soit la Monarchie, l'Empire ou la troisième République? Les airs patriotiques peuvent changer : à l'*Hymne des Marseillais (la Marseillaise)* et au *Ça ira* ont succédé *Veillons au salut de l'Empire*; *Vive Henri quatre, Vive ce roi vaillant!* ensuite, la *Parisienne (soldat du drapeau tricolore, d'Orléans, toi qui l'as porté!)*; le *Chant des Girondins*; *Partant pour la Syrie*, enfin, de nouveau, la *Marseillaise*. Dieu veuille qu'il ne s'y mêle plus l'affreux refrain de *Ça ira!* Le programme des fêtes officielles reste, au fond, à peu près identique, et, comme de tout temps, ces journées se terminent encore par des danses... à la *Renaissance* ou ailleurs. *Nihil novum sub sole*...